AF279264

Silvia Galán Camiñas

APULEYO EDICIONES   FOMENTO DE VALORES   CUENTOS ILUSTRADOS

La señorita Ti

APULEYO EDICIONES   FOMENTO DE VALORES   CUENTOS ILUSTRADOS

Para Maitane y todos los niños

En una buhardilla vieja
con ventanitas redondas
vive la señorita Ti,
y su día empieza así.

Desayuna magdalenas
con sal y algo de pimienta
y un café con tenedor,
qué desastre, ¡por favor!

Es un poco peculiar.
Es bastante singular.
Do, re, mi, do, re, mi.
Es la señorita Ti.

Cada día, los vecinos
se asoman a las ventanas.
Los saluda y tararea
melodías inventadas.

En su bicicleta roja,
giran y giran las ruedas.
Se ven un poco oxidadas.
La seño es poco apañada.

Lleva sobre su melena
un sombrero con chistera,
abrigo de lentejuelas,
con agujeros las medias.

Es un poco peculiar.
Es bastante singular.
Do, re, mi, do, re, mi.
Ahí va la señorita Ti.

Va deprisa mientras silba
canciones desesperadas.
Sonidos vuelan y bailan,
las notas desordenadas.
Y en la cartera guardadas
partituras arrugadas.

En la escuela es muy feliz.
Allí coloca el atril,
los niños tocan las flautas,
cantan todos y dan palmas.
Los pajarillos pían,
se acercan a las ventanas.

Es un poco peculiar,
Es bastante singular.
Do, re, mi, do, re, mi.
Canta la señorita Ti.

Cuando ya cierra la escuela,
va de vuelta hacia su casa.
Allí se tumba en la cama,
escribe en el pentagrama.
Inventa canciones y ritmos
que gusten mucho a los niños.

Es un poco peculiar.
Es bastante singular.
Do, re, mi, do, re, mi.
Sueña la señorita Ti.

Llega un día algo nublado,
viento frío había soplado.
De la escuela hoy han echado
a la seño de un volado.

Ti guarda ya sus papeles.
Nadie sus canciones quiere
y en la escuela han contratado
a otra seño con empeño.

Es un poco peculiar.
Es bastante singular.
Do, re, mi, do, re, mi...
Triste la señorita Ti.

INFORMÁTICA
SALA DE MÚSICA

En la escuela ya no suenan
ni las flautas ni los píos.
Los niños la echan de menos,
quieren Música a porrillo.

En una esquina del cole
las flautas están en vela.
Todos quieren que la Música
vuelva de nuevo a la escuela.

Es un poco peculiar.
Es bastante singular.
Do, re, mi, do, re, mi.
Sin la señorita Ti.

7
6
5 4 3
2
1

Sale un día soleado.
Parece que algo ha cambiado.
Una brisa musical
todo lo va a transformar.

Al buzón hoy ha llegado
una carta misteriosa.
En ella le piden que vuelva.
Sin música, la vida es sosa.

BIENVENIDA SEÑORITA TI

Por fin vuelve Ti a la escuela.
Ha sido larga la espera.
Bailan y cantan canciones,
se alegran los corazones.

Es un poco peculiar.
Es bastante singular.
Do, re, mi, do, re, mi.
Es la señorita Ti.

Sobre la autora:

Ser profesora de Música y madre me ha inspirado a escribir el cuento
"La Señorita Ti" con todo mi cariño para niños y mayores.

Sobre el cuento:

Los valores que se pretenden transmitir en el cuento son los siguientes:

- El respeto por la originalidad de las personas.
  Es bonito ser único y diferente, como la Señorita Ti.

- El amor por un oficio, una profesión.
  La Señorita Ti es feliz en la escuela. Ella pone pasión en su trabajo e
  intenta hacer felices a los niños y niñas.

- Y, sobre todo, la importancia de la música en la enseñanza y, en
  general, en la infancia.
  "La Señorita Ti" es una alegoría de la música y, como tal, nos enseña
  su amor por las artes y en particular por la Música como medio de
  expresión de emociones y de crecimiento personal.